T0078470

De ensueños
y poemas

De ensueños y poemas

Efraín Loynaz

Copyright © 2014 por Efraín Loynaz.

Número de Control de la Biblioteca del Congreso de EE. UU.:   2014920336
ISBN: Tapa Dura   978-1-4633-9602-2
                     Tapa Blanda   978-1-4633-9604-6
                     Libro Electrónico   978-1-4633-9603-9

Todos los derechos reservados. Ninguna parte de este libro puede ser reproducida o transmitida de cualquier forma o por cualquier medio, electrónico o mecánico, incluyendo fotocopia, grabación, o por cualquier sistema de almacenamiento y recuperación, sin permiso escrito del propietario del copyright.

Las opiniones expresadas en este trabajo son exclusivas del autor y no reflejan necesariamente las opiniones del editor. La editorial se exime de cualquier responsabilidad derivada de las mismas.

Este libro fue impreso en los Estados Unidos de América.

Fecha de revisión: 12/11/2014

Para realizar pedidos de este libro, contacte con:
Palibrio
1663 Liberty Drive
Suite 200
Bloomington, IN 47403
Gratis desde EE. UU. al 877.407.5847
Gratis desde México al 01.800.288.2243
Gratis desde España al 900.866.949
Desde otro país al +1.812.671.9757
Fax: 01.812.355.1576
ventas@palibrio.com
686704

ÍNDICE

Keila y Kelsey… este también va por ustedes y para ustedes…
Las quiero mucho… mmuaa…

Mas si entre gayas flores,
a la beldad consagras tus acentos;
si retratas los tímidos amores;
si enalteces sus rápidos contentos;
a despecho del tiempo, en tus anales,
beldad, placer y amor son inmortales.

Gertrudis Gómez de Avellaneda

A MODO DE INTRODUCCIÓN

Romance, pasión, desengaño, ilusión, nostalgias… y esa palabra «amor», que como un caleidoscopio palpitante y viviente se transforma ante nuestros ojos en imágenes y colores nunca antes vistos…

Y es que como siempre he sido un fanático de esa era llamada «Romanticismo», quién sabe si tal vez, inconscientemente, me haya creado un tipo de trauma literario (¿existirá eso?) que, por mucho que trate (si es que de verdad lo hago), no logro superar del todo. Ahora, de esto a ver la tisis como una enfermedad romántica, deseada y codiciada por poetas, músicos y pintores por igual… creo que no, que hasta ahí no llego. Nunca se me olvida un cuadro que vi, del pintor Leonardo Alenza, cuando estando en España visité el Museo Nacional del Romanticismo, en la ciudad de Madrid: la pintura tenía como título «Sátira del suicidio romántico», y allí veíamos al amante defraudado (digo yo) tirándose de una colina mientras en su mano derecha sostenía la daga que clavaría en su corazón mientras saltaba al vacío. Más romántico que eso, ni hablar. Así fue ese movimiento sociocultural y político que tanto nos brindó y que aún hoy en día sigue influyendo en nosotros con sus poderes mágicos.

Les dejo, pues, en estas páginas (con todo el drama que puedan tolerar), una compilación de poemas variados, escritos a través de los años, muchos de los cuales formaron parte de la novela *Los colores del alba*.

Este poemario está dividido en cinco secciones: primero, poemas sueltos; segundo, «Interludio»… Y ¿qué es?: digamos que un intervalo de tiempo en el cual llegamos a este mundo y cumplimos nuestra misión –cualquiera que esta sea–, y después volvemos al lugar de donde fuimos tomados… La tercera parte, «Essence», es un poema a mi hija Kelsey Dee escrito en español e inglés alternativamente (o para ser más claro, en esa mezcla de sabores que llaman «espanglish»). Luego le sigue «Sombrero y alas», dedicado a mi esposa Keila Saraí… Y por último, «Canciones al aire», que son, aunque no lo crean, las letras de veinte canciones que escribí allá por los años noventa, y aquí se las dejo como regalo.

En resumen, mucha métrica y rima variada…, y ¡oh!, algunos sonetos que me arriesgué a construir por algo que una vez escuché decir a mi tía abuela hace casi cuarenta años, sentada allí, en el portal de su casa del Vedado, un viernes de tertulia: explicaba ella que si quieres escribir poesía, con un soneto o dos es suficiente, «solo para que vean que tienes el dominio de eso; la rima y la métrica».

Siendo que hay muchas variantes, me di a la tarea de trabajarlos en diferentes formatos, como, por ejemplo, el italiano, con el cual escribí el soneto «Tu suspiro»:

> *Y enredado en suspiros y destellos,*
> *perderme en el sinfín de tus cabellos*
> *y en tu aliento rodar desesperado...*
>
> *Ahogado en el placer de tu ternura,*
> *que el corazón no sabe de locura,*
> *cuando en suspiros yace... ¡Envenenado!*

Y esta otra, una de las combinaciones más usadas en la lengua española y que utilizo en el soneto «La palabra»:

> *Que tembloroso el corazón estalla*
> *cuando a sus labios el silencio aflora,*
> *y el llanto arroja lo que el pecho calla...*
>
> *Lo que no dicho agitará la aurora...*
> *Y en otro intento de ganar batalla,*
> *¡hará volar la frase que se añora!*

Por último, y no porque sea menos importante, les quiero agradecer por tener este libro en sus manos, y ojalá puedan gozar un rato de solaz apartados del mundo allá fuera.

Espero lo disfruten.

Gracias a todos.

Efraín Loynaz

TU SUSPIRO

Es tu suspiro reflexión caliente,
de todo pensamiento que te agita.
¡Suspiras al amor…, como el que grita!
¡Suspiras con pasión, única, ardiente!

Con tanto que quisiera de repente
atrapar el suspiro que te excita,
que penetra en tus carnes, que palpita…
¡Erizando tu piel, súbitamente!

Y enredado en suspiros y destellos,
perderme en el sinfín de tus cabellos
y en tu aliento rodar desesperado…

Ahogado en el placer de tu ternura,
que el corazón no sabe de locura,
cuando en suspiros yace… ¡Envenenado!

SIN QUERER

Sin querer, se han abierto las puertas del olvido,
sin querer marchitarse… Marchitaron los lirios.
Sin querer, me brindaste tu corazón atado;
cuando quise morderlo, me sentí aprisionado.

Sin tener avaricias, pretendí el mundo entero,
sin tenerte…, te tuve colgada de mis dedos.
Sin tenerte, tu sombra escondiste en mis brazos,
y al tratar de besarla, se rompió en mil pedazos.

Sin saber, ya las fuentes no lloran sus recuerdos,
sin saber, la alborada odia al sol, odia al cielo.
Sin saber, las palabras condenan mi extravío…
Serenas van dejando semblanzas de su hastío.

Sin querer, se han cerrado las ventanas de fuego,
sin querer, he matado los estropeados ruegos.
Sin querer olvidarte… te olvidé de algún modo…
Abierto al horizonte… ¡resucité del todo!

POR VENTURA

Por ventura quisiste que tus huellas
se volvieran al polvo del sendero,
después de ¡tantas huellas invisibles
que escondieras en mí!… Y tu «hasta luego»
se dejó oír en el sinfín del alba…

Y quebró entre las noches mi silencio,
como se quiebra un soplo de esperanza.

Abierta entre mis labios, la sonrisa
quiso gritar su libertad ganada,
mas tu nombre escapó de mis heridas
y tus huellas rompieron mis palabras…

Tuve miedo de verte arrepentida…

Por ventura, tú no escuchaste nada.

TÚ QUEDAS EN EL AIRE

Tú quedas en el aire…
como el cantar violeta
de algún pájaro triste.
Como luz en el cielo
infinita… Distante.

Tú quedas en el aire,
diáfana y cristalina,
sedosa, apasionada,
como grito sin sombras
insufrible… Inquietante.

Tú quedas en el aire,
eterna, majestuosa,
sin rosas ni palacios…
Indefinido ocaso
de luna agonizante.

Tú… quedas en el aire
como nube escarchada
que espera silenciosa…

Como luz en el cielo
infinita… Anhelante…

¡Tú quedas en el aire!

SILUETAS

Pudor de noche en el inquieto llanto
que se agudiza cuanto más se añora.
Inútil es aniquilar el canto
si en la mirada encierra todo espanto
a cada hora que pasa…, a cada hora.

Con más orgullo al sentimiento preso,
no se desprende la silueta amada
por más que se derrumbe ante los besos…
En el fondo, detesta su regreso
al ver su piel y su virtud manchadas.

Eterna diversión que corre a voces
en juramentos a la luz… ¡quebrados!
No toda risa helada tiene el goce
de morir maltratada en los feroces
brazos sedientos de un amor cansado.

Rendida ya, cubierta de vergüenza,
dando pasos que agotan su fortuna,
viene y va, herida en su impaciencia;
su fiero mitigar, su impertinencia,
en un lecho de mar, sangre y espuma…

Clamor inerte al corazón que empieza.
Lugar ajeno a parques invertidos.
Dudas que gritan lo que no confiesan
y siguen adelante con tristeza…
Sin paz, ni luz, ni vientre, ni sentidos.

Los místicos ensueños mutilados
se agolpan en rincones de mentiras.
La poca juventud que le han brindado
se rompe… cual juguete manoseado…
Y cogiendo sus trapos, se retira.

Mas ¡calle para siempre el labio impuro
jamás bendito al arrojar cadenas!
Y venza el bien al mal, en el oscuro
batallar del amor; contra algo puro,
si en los ojos le anuncian su condena.

Abrigo fiero en el rincón celoso,
el hambre viste al cuerpo que defiende…
Y el desnudo frotar de lo sabroso
hace tan dulce el patio silencioso
¡cuan más amargos! los pechos que se venden.

SI YA PASÓ

Si ya pasó del sentimiento puro
todo el frescor rosado del que ama.
Si ya pasó el dolor, y solo olvido
queda en mi voz… Si el eco se ha perdido…
¿Cuándo tu orgullo apagará la llama?
¿Cuándo tu pecho, que indeciso aclama
un corazón tan viejo y tan herido,
se acostará a dormir, ensombrecido,
en la esquina más triste de una cama?

Que el tiempo se hizo cargo de mis pasos
a fuerza de morderme cada abrazo,
cuando asustado me alejé deprisa.
Mas otro cielo azul besa el camino,
nuevos pájaros hoy cantan sus trinos…

¡No sigas revolviendo las cenizas!…

TODO EL DOLOR

Todo el dolor que se guardó en el pecho
cuando frágil y hermosa te entregabas
se disipó en sonrisas de despecho
frente a tantas mentiras olvidadas.
Que el fervor de jugar con lo prohibido
dio rienda suelta a la pasión vedada,
y pude en el dolor sentir alivio
al ver que de tus manos me alejaba…
Mas no fue fácil remontar el vuelo
arrastrando el sudor de tu mirada…
Y destrocé mis alas contra el suelo
al ver en el dolor mis propias ganas.
¡Que se abrieron más hondas en el pecho
las caricias que tanto rechazaba!
Y otra vez las mentiras y el despecho
cuando frágil y hermosa te entregabas.

HOY MI SONRISA

Hoy mi sonrisa tiene
encadenado un sueño,
hoy mi sonrisa guarda
lugares… ¡tan pequeños!
Ecuánimes torturas
crispadas en la orilla;
donde mi boca, un día,
sembrará una semilla.

Hoy mi sonrisa vale
tesoros intangibles,
cansada y agotada
por mañanas horribles…
Y pálida camina
desvainando su suerte,
que victoriosa llega
como la misma muerte.

Hoy mi sonrisa tiene
labios lánguidos… tristes…
Perfumadas tinieblas
por lo que ya no existe.
Y se roba un suspiro
que se apaga en mi almohada,
donde escapa sin queja
una lágrima alada.

Hoy la sonrisa mía,
dolorosa y violeta,
dice más… Dice acaso
mil cosas indiscretas.
Dispuesta a ser sencilla,
dispuesta a darse entera
con la boca rajada
por mentiras ajenas.

Hoy mi sonrisa muere
con dignidad humana…
Feliz de haber nacido
con la tristeza ahogada.
Dibujando una mueca
mientras levanta el vuelo…
Perdiéndose entre nubes
y al fin… ¡ganando el cielo!

ACUÉRDATE DE MÍ

Acuérdate de mí, cuando en lo triste
de una paloma herida veas mi orgullo,
que amante a la locura y todo tuyo,
celoso guardo aquí lo que me diste.

Acuérdate también de lo que fuiste
cuando la luz jugaba en el arrullo
de tu voz ¡palpitante y dulce!, a cuyo
eco ofrecí en amor lo que perdiste.

Acuérdate de mí… Llover eterno,
con el alba a la espalda cada invierno,
para olvidar las noches tormentosas…

Acuérdate al final ¡libre de amores!
que llevas en tu pecho mis colores,
tal como llevo yo ¡todas tus rosas!

NO SABES TÚ, MUCHACHA

No sabes tú, muchacha, las veces que has estado
tomada de mi mano… besándome los labios.
No sabes cuántas veces… volviéndote despacio,
desnuda has caminado a entregarte en mis brazos.

Y en una furia loca de amor agonizante,
he pasado mis dedos por tu cuerpo temblante…
No sabes tú, muchacha, las veces que en gemidos
te he tomado, ¡mil veces!, cual algo que es muy mío.
Encendiendo la hoguera de tu linda cintura,
que tus tiernos secretos son para mí ¡locura!

No sabes tú, muchacha, cuando me miras fijo
con tu inocente cara, que esa cara ha sentido
de lo eterno las llamas… Que al final, es delirio,
olvidándote toda en un placer de alivio…
No sabes tú… ni acaso jamás lo soñarías,
que he aguantado las horas, porque el dolor agita
tu pelo, que se riega como un ramo de cintas
cuando te mueves toda… cuando me das la vida.

No sabes tú…, muchacha, las veces que he volado
y he robado el sentido de lo que ya ha pasado.
Y te he devuelto ¡entera! con un adiós partido,
para que nunca sepan que estuviste conmigo
allí… Donde las sombras quiebras con tu hermosura,
en un lugar sin nombre que tiene mi memoria,
no sabes tú, muchacha, las veces que has estado…
Y aunque tal vez ni llegues…
¡Te seguiré esperando!

LA PALABRA

¡Cuánto decir!… Cuando al decir no hallamos
la voz que viste al sentimiento preso,
y queda el alma soportando el peso
de ese incógnito grito que anhelamos.

¡Cómo decir!… Cuando al decir soñamos
decir, de un golpe, la inquietud de un beso…
¡El dolor del que parte sin regreso!
¡Las ansias de abrazar al ser que amamos!

Que tembloroso el corazón estalla
cuando a sus labios el silencio aflora,
y el llanto arroja lo que el pecho calla…

Lo que no dicho agitará la aurora…
Y en otro intento de ganar batalla,
¡hará volar la frase que se añora!

DESEOS

Que no se aleje del camino alado
ese frescor ¡tan verde de tus piernas!
Que tu pecho despierte enamorado,
y tu mirada se dibuje eterna.

Que toda la pasión, rica en quebrantos,
disfrute de tus ojos encendidos.
Tus manos… La dulzura de tu llanto,
como jardín apenas florecido.

Que al toque exacto del aliento suave,
salte tu piel, estremeciendo el alba.
Que se vista de selvas tu paisaje,
con el fuego prohibido de tu alma.

Que no se quiebre de tu cuerpo puro,
el aroma frenético del beso;
espejo intacto de tu amor desnudo,
como adorno sutil de un cielo inmenso.

Que no se aleje del camino alado,
el despertar de tu inocencia tierna.
Con tu pecho temblando enamorado,
que tu mirada… ¡se refleje eterna!

DELIRIO

Vi en tus ojos llegar la primavera,
como el monte sediento de rocío.
Y me hundí en tu inocente enredadera,
dispuesto a conquistar cualquier frontera,
por un sueño febril, que no era mío.

Te soñé como a nadie… ¡Desafiante!
Con mi sudor pegado a tus cabellos.
Y continué volando delirante
con tu inquieta sonrisa como amante,
vestida, toda, del dolor más bello…

Abracé tus desvelos escondidos
entre sábanas blancas y promesas.
Te vi ante mí cual eco de un gemido,
disuelto entre mi cuerpo malherido,
como un ramo de penas y tristezas.

Y no fui más que otro dolor robado,
con tu piel derretida en mi cintura.
Viendo irse mi fe de enamorado
en tus labios risueños y alocados,
y en el viento, que ataba tu hermosura.

Vi en tus ojos morir la primavera
callada y débil, cual luz en agonía.
Y en vano penetré tu enredadera,
mis alas se quemaron en tu hoguera,
junto al sueño febril de hacerte mía.

INOPORTUNA LA PALABRA FUE

Inoportuna
la palabra fue…
Después de dicha,
el placer
se enredó con
mis zapatos…

Y rodé sin
mentiras.
Y rodé sin
quebrantos…

Hasta quedar
en el revés
de un cuento…

¡Viéndote al fin
llorar!

¡Viéndote al fin
llorar!

DEBÍ ENCONTRARLO EN TI

¡Debí encontrarlo en ti!
Debí sentirlo
mano a mano,
llanto a llanto,
beso a beso…

Debí soñarlo
o descubrirlo… Así…
¡Sin tantos cuentos
y mentiras!… Así…
¡Sin tantos cuentos!

¡Debí sufrirlo en mí!
Debí tomarlo
y vomitarlo luego…

¡Golpe tras golpe!
¡Odio tras odio!
¡Fuego tras fuego!

Para encontrar
al fin, en el camino,
tu semblante riendo allá…
¡Tan lejos!

ES EL RECHAZO

Es el rechazo de verme entre las sombras
sin tu cuerpo, que un día entre silencios
me entregaste… no sé, ¡tan dulcemente!…
Que no entiendo qué quieres…, que no entiendo…

Es la agonía de aquel que no se cansa.
Capricho desgarrado por tomarte.
¡Sin playas y sin gentes y sin cielo!
Me das lo que te sobra como amante…

Es el vivir atado a lo imposible,
dando lo que no tengo en este empeño.
Perro que añora siempre tus migajas,
ladrando por tu amor… ¡Perro sin dueño!

Es el misterio entre caricias falsas,
tú… intacta a mi dolor… ¡desfallecido!
Y verte y ser… Y no poder llegarte
con ¡tanto amor guardado y escondido!

Es el rechazo de ver cómo me hundes
entre mentiras y verdades ¡todo!,
y ciego corro y creo complacido,
para después quedarme solo… ¡Solo!

TÚ SIEMPRE SERÁS TODO

Aunque la vida trate
de hundirme entre su gente,
aunque la gente trate
de conquistarlo todo,
aunque este mundo empiece
a odiarme de repente.
¡Tú siempre serás todo!

Aunque el dolor me mate
sin verte cada día…
Amaneciendo sucio,
amaneciendo loco.
Aunque por dentro llore
y así por fuera ría.
¡Tú siempre serás todo!

Aunque los besos dados
hayan tal vez volado,
y el universo entero
me estrelle contra el lodo.
Aunque mis labios tiemblen
cuando te estén nombrando…
¡Tú siempre serás todo!

Aunque parezca absurdo
que anhele siempre verte,
vertiendo así en mi contra
tu amor, ¡que es lo que adoro!
Aunque en el mismo infierno
me encierren con la muerte…
¡Siempre serás mi todo!
¡Tú siempre serás todo!

EL SUEÑO ESTABA AHÍ

El sueño estaba ahí,
rasgado ante la suerte…
¡Qué más quisiera yo
que un poco más de muerte!
Y darle una belleza
distinta,
diferente…

Jugando a la escondida
con el ocaso
abierto,
la suerte quedó
herida…

Y el sueño
brevemente flotó
sobre el abismo,
y expiró… ¡De repente!

SÉ DE UN AYER

Sé de un ayer que disfruté contigo.
Después…, la noche silenció mi almohada.
Y más besos y abrazos que se han ido,
por falta de promesas destrozadas.

Sé de un ayer que fue futuro errante,
lleno de ocasos que una vez vivimos.
¡Que tanta desnudez agonizante
nos consumió lo poco que aprendimos!

Sé de un ayer que mira en la ventana
mientras volamos con las alas rotas.
Después…, suspiros y la voz quebrada
ante el fuego triunfal de una derrota.

Sé de un ayer sin queja ni reclamos,
inocente a la historia que escondimos.
¡Que fue tanto el placer que nos juramos
como mentiras del ayer que huimos!

HOY

Hoy… después de tanto
desgastar historias,
te dejo ir, sin pena,
sin miradas.
Hoy… cansado
y harto de buscar
la gloria,
rompo el ciclo
vicioso que me ataba.

Hoy… por más
que quiera
conciliar
tus sueños,
escapo en todos
sin guardar ninguno.
Asqueado del calor;
del más pequeño,
en noches saturadas
de infortunio…
Hoy… después
del tiempo
que pasé… ¡perdido!,
retiro el brazo
de tu senda oscura…
Hoy, ya,
te dejo ir,
no más gemidos…
¡Hoy es un día
feliz… en mi locura!

VERDADES

Si es esta la mentira con que sueño…,
prefiero la verdad hecha pedazos,
y no ser más el animal pequeño
cansado de llevar los latigazos.
Prefiero ver la vida abiertamente
y llorar si es preciso por vivirla;
que aunque dura, se siente finalmente
con sabor al que glorias se imagina.

Si es esta la virtud que da lo bello,
entre hipócrita risa pretenciosa,
la lluvia dejará ver los destellos
desnudando las almas vanidosas,
que al salir de sus casas, solo miran
la parte que mejor les satisface.
¡Pobres diablos con almas corrompidas!
Son parte de un jardín, que se deshace.

Si es este el mundo, si la gente es esta…,
otros cielos tendrán nubes más grises,
que reflejen la ausencia más perfecta
de ser lo que no son al ser felices.
Y quedar en el tiempo sin presentes,
hacia aquella mentira silenciosa
que cruza con dolor aquí en mi mente,
haciéndome una espina de sus rosas.

Si es este el universo en que vivimos
desnudos, ciegos, sin perdón, sin calma,
¡rompo el sol rebuscando otro camino!
Y un camino hallará sola mi alma…
Porque en todo se pierden fantasías
y se ganan futuros venideros;
poniendo en cada estrella una mentira
llena de luz, que alumbre los senderos.

Si es este aquel principio, casi eterno,
saturado con mágicos colores,
¡quiero buscar la paz en el infierno!
Prefiriendo el dolor, a los amores.
Hasta el punto de ver mi sangre ardiendo,
ligada con el fango que recojo
poco a poco… ¡Sudándome!… ¡Riendo!…
¡Gritando al viento que me da en los ojos!

Si es esta la mentira idolatrada…,
¡he de romper su imagen para siempre!
¡He de arrancar a golpes sus moradas!
Y dejar sus altares ¡bien calientes!
Y así mi cuerpo quedará completo
de silencios que esperan un destino
para forjar, para fundir repleto
con verdades, nacidas del camino.

TE VEO PARTIR

Te veo partir…
Y en mi mejilla torpe,
sangrando queda
un beso sentenciado…

Y siento en tus espaldas
a mi sombra
¡huyéndome también!…
Desesperado,
y roto y desprendido,
aguanto el corazón…
¡Lo que me queda!

Y entonces miras
con la frente alta;
sin los tiernos pasados
y sin penas…

Hay un abismo
entre tu adiós y el mío…

¡Y el beso se revienta
entre mis venas!

EL BESO

Tarde o temprano, el beso que se olvida
tiende a abrirse camino en otras fuentes;
ya crece al brillo del amor que abriga,
ya viaja errante del amor que muere.

Y a ti… que besos nunca te faltaron,
que sangre a veces dibujó tu boca,
¿por qué, esquiva, pretendes deshojarlos?
Si en ti ¡tus labios son los que provocan!

Tú, que te haces corazón y luna.
Tú, que vibras y sientes, ¡cual ninguna!
¡Déjame ser la orilla de tu lago
y adornarte de besos tu sonrisa!
Prenderte… labio a labio mi avaricia,
para que sufras, también, el beso dado.

NOVIA TRISTE

Deja en tu sangre crecer la primavera,
esa que triste en tus pupilas clava
el aguijón doliente del que sueña
el sueño oscuro, que robó tu almohada…

Deja crecer tu risa ante mi llanto,
en ese abrazo ciego entre las sombras,
y a tu silueta renunciar mañana
como algo puro, que jamás se nombra.

Rompe el velo… ¡Otra vez!, el que en silencios
tu virginal belleza idolatraba…
Y ahora cede tu mano complacida
ante el anillo que te hará su esclava.

Y ya nunca hacia atrás mirar anheles
las pasiones injustas que vivimos,
que en un altar han de besar tu boca
y sellarán por siempre tu destino.

DÉJAME SER

¡Déjame ser!
¡Déjame andar y andar
por los caminos!
Y maldecir y bendecir
a pecho abierto…

¡Déjame ser!
y hacerme un poco niño,
y jugar en mi cuadra,
en mis solares…
¡Ser rueda!
¡Ser timón!
¡Ser rumbo a mil palomas
de luz o sombra inquieta!
Sin relojes que apunten,
sin mano que señale…
¡Sin bala que me
ciegue la nube
en otro cielo!

¡Déjame ser!
Y sediento curiosear
cada herida.
Sin mañanas ni tardes,
sin temor al que mira.
Y abrigar este frío… ¡Desnudo!
¡Adolorido!
Hasta que el alma aguante…
¡Desesperadamente!

¡Sí!… ¡Déjame ser
la nada o el vacío!
Y subir y subir
hasta la muerte serena,
apasionada, turbulenta…
O vivir… O vivir
en los senderos,
¡rompiendo con mis manos
las fronteras!

TENGO MIEDO DE AMARTE

Tengo miedo de amarte,
porque en tus ojos llevas
torbellinos cuajados
de idílico fulgor.
Y me siento cual ola
que revienta en las piedras…
Y me siento perdido
al escuchar tu voz.

Tengo miedo de amarte…
¡Porque sé que te amo
con loco desvarío
que no puedo romper!
Tu acento misterioso
da belleza a tus labios,
y, ante ti, me hago un niño
que no sabe qué hacer.

Tengo miedo de amarte
y romper las cadenas,
que no dejan mi cuerpo
tu cuerpo dibujar…
¡Y cegarme y morderte,
calentando tu arena
cuando el miedo, dormido,
se niegue a despertar!

QUE YA NO SÉ

Que ya no sé el camino de regreso
si no enciendes la luz en tu ventana
y respiro el aliento de tus besos
que se quedan flotando en las mañanas.

Que ya no sé de abrazos en las noches,
cuando tardas en darme tu confianza,
que me lleva, sin miedo ni reproches,
al mismo corazón de la esperanza.

Que ya no sé buscar entre las fuentes
el agua fresca de tus manantiales,
si no entiendo el deseo más ardiente
de tu piel, susurrando madrigales.

Que ya no sé de amor ni de ternuras,
cuando faltan tu voz y tu sonrisa
revistiendo mis penas y amarguras,
como arrullo que, lejos, trae la brisa…

FUGAZ AMOR SIN NOMBRE

Fugaz amor sin nombre, sin fronteras;
　　libre de dar camino y sepultura
　　al inmenso latir entre tu pecho,
　　al inmenso gemir de tu ternura…
Te veo pasar y me estremezco luego,
　　al respirar el viento que dejaste.
Y tus ojos se encienden y tus huellas
son la nada de un algo que olvidaste.

Fugaz amor sin nombre, ¡quién diría!
que mis manos moldearon tus anhelos,
que mis sueños tus sueños desvelaron…
　　Que entre besos y lágrimas, tus senos
　　dieron vida al ocaso que ocultamos.
Y hoy te levantas repartiendo olvidos,
con esa luz escarcha que te adorna…,
como si nunca me hubieras conocido.

Fugaz amor sin nombre que te alejas
por el sendero de mi cuerpo abierto.
　　Ya mis venas se rinden sofocadas
al pisar los umbrales del tormento…
　　Yo acaricio tu sombra perfumada.
　　Tú, ya libre, sonríes complaciente
mientras suave te entregas al camino,
que te cubre de huellas… lentamente.

ESTACIONES

Se fue de ti el oleaje
de pasiones intensas,
el aire en que flotabas
como aroma sutil…
La risa de las tardes
de ¡tantas primaveras!…
Dejaste tus mentiras
ocultas sobre mí.

Se fue de ti el coraje
de las ardientes horas,
lo dulce de tus pechos
de aquel verano en flor.
La furia de mañanas
calientes y dichosas…
Dejaste en los rincones
pedazos de tu voz.

Se fue de ti el paisaje
de largas caminatas,
los abrazos, los besos
de un otoño feliz.
El crujir de las hojas
y la lluvia temprana…
Dejaste en el silencio
mis horas junto a ti.

Se fue de ti el plumaje
de colores eternos.
Las huellas en la playa,
la magia de tu voz…
Se fue de ti la llama
y con la llama el fuego…
¡El invierno dejaste
flotando, entre los dos!

ADORÁNDOTE VIVO

¡Adorándote vivo!
Como si fueras algo más
que una diosa…

Aunque no te lo digo, ¡no!
¡Aunque no te lo digo!

Pero en mis venas
vive tu perfume,
y tu vientre y tu voz,
y tu sonrisa.

Aunque no te lo digo,
luces sensual,
amada, complacida.
Que, a veces… ¡tantas veces!,
he sentido el deseo
de apretarte tus carnes
y exprimirte tus huesos…
¡Aunque no te lo digo!

Pero mi alma
te descubre plena,
llena de besos
y caricias suaves…
¡Tu mirada de estrellas,
tus paisajes!
Que, aunque no te lo digo,
es como si estuvieras en mí,
preciosa… ¡Eterna!

ESCAPASTE

Escapaste al toque de mis dedos,
resbalaste… Y en fuga cristalina,
rayos de sol triunfante en mil enredos
dejaban una luz a tu partida.

Y yo… fui más o menos la llanura
o el monte que se queda adolorido.
El ente fantasmal que se tritura
adorando tinieblas, escondido.

¡Que entre la luna y tú!… No sé si deba
hundirme al roce de este manto ardiente.
Si lejos estás tú, solo me queda
dejar, ¡la luna toda!, aquí en mi frente.

Escapaste…, al eco de mis besos,
a mi voz, mis caricias, mis quebrantos.
Encerraste mi vida en tu silencio
y partiste sin risas… y sin llantos…

KEILA

Y... si no fuera por ti,
protectora de amores...
que detalladamente sabes
dónde va cada cosa.
Protectora fiel
de nuestro mundo;
de esas grandes pequeñeces
que día a día me enseñas a moldear.

Y... si no fuera por ti,
que te acuerdas de todo
y a todo llamas por su nombre...
Me has enseñado ¡tantas cosas!
El amanecer,
el sonreír...
La tranquilidad de proyectarme en ti
sin el temor de romperme
la cara en el intento.

Tú, que me haces
desahogar en horas
de belleza infinita.
Tú, que me tiendes
tu caliente mano
y me haces sentir
que estoy vivo.

Tú, que abrazas la esperanza
y la fe, ¡como ninguna!
¡Como ninguna!
Y… si no fuera por ti,
terreno fértil,
útil, radiante…
Chorro de agua encrespado,
alborotado, fuerte.
¡Siempre buscando el mar!
¡Siempre buscando el mar!
Me elevas con gozo inefable,
henchida de orgullo
y libertad.
Esa libertad ágil, diestra,
perpetua, dócil y rebelde
¡que te caracteriza tanto!

Y… si no fuera por ti,
fuego en mis noches oscuras
y en los días fríos.
Fuego, ¡tan puro
como tu inocencia!,
que sudas muchas veces…, sin saberlo.

Manantial de rosas blancas
y verdes y rojas y negras.
Surtidor eterno de frases amorosas.
Y, si no fuera por ti,
que el camino hiciste
a mis pies.
Que enderezaste mis huellas
erradas e indecisas,
que tus besos me sirvieron de almohada
muchas veces,
y tus ojos de manto…
Tú, tan humilde y a la vez tan grande.
Tú, cielo limpio en mis noches de tempestad,
¡que son tantas!

Y… si no fuera por ti.
Siempre ardiente
al toque delicado.
Buscando siempre aquel motivo
perfecto para inventar un juego
entre los dos.
¡Tan bella tú!
¡Tan bella tú!

Y… si no fuera por ti,
que me sacaste
dos clavos encendidos
de mis ojos…
Y vi la luz adornar
todo tu cuerpo, así… sereno…
Y, si no fuera por ti…
¡Qué más decirte, Keila!…

¡Que te quiero!

UN SÁBADO MÁS
(Y KELSEY EN LA VENTANA)

—Papi… ¡Ya salió el sol!…
—Deja ya la ventana…
—Mami, yo quiero leche.
—Déjame un rato más… ¡Por favor!
—Papi…
—¿Qué pasa?
—Dile a mami que yo tengo hambre…
—Keila, tu hija… Dale,
que se hace tarde…
—¿Qué vamos a hacer hoy?
—Lo que quieras y gustes…
(«lo que te dé la gana»)
—Yo quiero muñequitos, y mi leche,
y mis dulces, y mi…
—¡Dios mío, Kelsey Dee…! ¡Si te callaras!…

—Kelsey… ¡Ya se fue el sol!…
—¡Oh, no!…
—Sí, mira por la ventana…
A dormir… ¡Vamos, vamos!
Vete para tu cama…

DEBE SER

Debe ser que mis sueños se revientan de miedo
y rompiendo distancias huyen dentro de ti,
debe ser que no encuentro la confesión primera,
la que escondí en tus labios… La que tal vez perdí.

Debe ser que no entiendo lo que nunca he entendido,
caricias y promesas de un mundo sin ayer.
Pedazos de maletas regados en la alfombra
y la ausencia infinita de lo que pudo ser.

Debe ser que se quiebran veloces las amarras,
y el hambre que en tus manos siempre logré saciar…
Ya llegarán los días sangrando en la penumbra
tanteando entre las sombras lo que no he de encontrar.

Debe ser que la lluvia, en un descuido, ha entrado
por la ventana abierta… La que nunca cerré…
Llevándose nostalgias y pasiones dormidas
del mundo que, entre nubes, celoso te guardé.

Debe ser que a lo lejos, el eco de tu risa
se pierde en el silencio cual mística visión,
y despierta en los brazos de un mundo en primavera…
Debe ser que aún me queda, intacto el corazón.

FUEGO DE ADENTRO

¡Fuego de adentro!
Fuego que destruye
posibles e imposibles,
bueno y malo…
Fuego que arde…
¡La pasión viviente!
La pasión
que indecisa
busca el aire.

¡Fuego de adentro!
Fuego que arrebata,
boca caliente
en tiempos
desolados.
¡Fuego que vive
y muere!
Y dice «¡basta!»…
Y en una fuente
lavará sus manos.

LUZ

Luz… que
nadas allí…
¡Ven en mi busca!
Déjame recostarme
en tu finura…
Te veo… ¡Tan cerca ya!
Aquí… ¡Aquí de prisa!
Dame esa mano tierna,
¡dame ayuda!…

Luz…
¡Maldigo
tu nombre
y tu memoria!
Has llenado
de estrellas
mi alma oscura…

QUE TODO TE OFRECÍ

¡Que todo te ofrecí!, fervor y encanto;
por dar, te di la vida en un quejido
que se perdió en las notas de algún canto,
cuando en busca de ti, hallé el olvido.
Y no conforme del sabor amargo
que deja el vicio de seguir tus huellas,
busqué viejas caricias en el cuarto
donde, juntos, soñábamos quimeras.
Y en vano destrocé las madrugadas,
tu desnudez pegada a mi delirio
hizo sangrar heridas ya curadas
bajo el manto sensual de mi martirio.

¡Que todo te ofrecí! Vano derroche
de místicas promesas encendidas
y ciegos juramentos, que en la noche
equivocaron también las despedidas…
Y así, esquivando el anhelado choque,
huyo de mí para robar tu aliento,
que escapa de mi piel sin un reproche
y se pierde en las brumas y en el viento.

YA LA MUERTE SE ACERCA

¡Ya la muerte se acerca!
Ya la muerte… ¡Quién sabe!
¡Porque el dolor existe!
¡Porque el dolor es grave!
Ya la muerte se acerca,
porque la muerte pide
su recompensa en sangre.

¡Ya la muerte se esconde!
¡Ya sus heridas lame!
Porque la lucha es fuerte
para salir triunfante,
y los gemidos vibran
en un espacio errante.

¡Ya la muerte se acerca!…
Y es llorar lo que nadie,
lo que nadie en la vida
podrá lograr…
¡Más vale!
¡Porque la muerte es una!
¡Porque la muerte es grande!

¡Ya la muerte se acerca!…
Mientras la vida abre
hondos pozos perdidos;
entre un pesar que nadie
¡convertirá en amores!,
¡convertirá en cantares!
Porque la muerte espera…

¡Y el corazón se parte!
¡Y el corazón se parte!

MAÑANA CUANDO
EL VIENTO TE DESPEINE

Mañana, cuando el viento te despeine,
recordarás el beso nunca dado.
El que no vio tus labios ni tu frente,
y el que en suspiros se alejó llorando.

Tu mirada…, revuelta de nostalgias,
querrá volverse atrás estremecida,
mas otros besos sembrarán distancias…
Y tu mirada quedará vencida.

Te han de adornar recuerdos intangibles;
horas rosadas que no fueron tuyas…
Y entre pétalos, sueños y jardines,
tu corazón dibujará locuras…

Mas al llegar al fondo del camino,
después de tanto rechazar tu aliento,
temblando escucharás como un suspiro
de unos labios lejanos en el viento…

Y mañana…, tal vez, al despertarte,
con ilusiones y caricias rotas,
tengas ganas del beso que esquivaste…
El que anida feliz… en otra boca.

TE INVITO

Te invito a entrar en el febril abrazo
que juega libre en el jardín del alma,
con fuego entre tus labios y mis labios,
adornando de auroras las mañanas.

Te invito a ver el cielo… ¡El otro lado!
Revelando secretos y locuras
a todo pecho ardiente que, volando,
deje brillar su piel feliz, desnuda…

Te invito a abrir las puertas que prohibidas
roban la luz que vierte el horizonte,
y descubrir pasiones atrevidas
en cada beso que la noche esconde.

Te invito a dar la vida en el intento
de unir tus manos junto con las mías.
¡Sin hechizos de amor ni juramentos,
lanzarnos a volar día tras día!…

EN TU SONRISA

En tu sonrisa descubrir quisiera
fiebre y pasión de amante enamorada,
chorro de luz regando ilusionada
destellos de agua fresca en primavera.
El placer de soñar… ¡Y si pudiera
despertar al calor de su mirada,
sentir su aroma de quietud preñada,
desnuda revelarse toda entera!
Y entonces verla dibujar pasiones
mientras tierna y febril remonta el vuelo…
¡Chorro de luz y amante de emociones!
¡Labios que guardan lo que tanto anhelo!
Adornas con sonrisa las canciones,
y secretos descubres en el cielo.

YO QUIERO SER AQUEL

Yo quiero ser aquel
que, entre sus manos,
alborote tu pelo
contra el viento.
Yo quiero ser aquel
que poco a poco
descubra tus amores
en secreto…

Aquel que en el
chispeo de tus ojos
se refleje…
¡Completo de ternura!
Yo quiero ser aquel
que, por las noches,
te bese…
¡Desafiando tu hermosura!

Yo quiero ser aquel
que ocupe todo
motivo, que te inspire
a ser preciosa…
Aquel que al susurrarte
en el oído,
te haga sentir
mujer… y mariposa.

A MIS TREINTA AÑOS

¡Pensé que no llegaban!…
O que trocada la ruta
donde viajo, acabarían
por pasar simplemente
inadvertidos…
Sin glorias, sin heridas.
Por correr en mis venas
suavemente…
Y al final, no ser más
que, entre mis dedos,
un puñado de días.

¡Mis treinta!… ¡Treinta años!
¡Distinto es el dolor!
¡Distinto es el sabor
de la victoria
a la altura fugaz
de lo imposible!…
Cuando el hierro
es tu voz, ¡inaccesible!,
cuando limpias tu piel de tanta escoria.

Mas si duro es el peso
que encadenan
sobre mi espalda,
duras serán las
horas que me velan.

Que han de seguir
cuando el temor
se olvide,
que hacen de mí…
¡dorados treinta abriles!
En la insólita paz
de quien espera.

¡Mis treinta!… ¡Treinta años
de delirios, de miedo
y sencillez!
Beso tras beso errante…
Hay algo de nostalgia
en el pasado;
y en lo que no pasó
y está olvidado…

Abro un raudal
oscuro en mi sendero.
Miro hacia atrás,
sin esperar respuesta…

¡Absurdo adiós!
¡Hay que seguir el vuelo!…

LA TARDE

Pedazo de una tarde que el silencio
dejó entrever cuando la tibia arena
sintió el pudor latente de unos besos
titubear por las ganas y las penas.

Trató un abrazo en la caricia esquiva
revelar el olor de su cintura.
… Y se abrieron los pechos que palpitan,
y jugaron las manos con ternura.

Quedose quieta entre el anhelo ardiente,
la inmensidad de una esperanza herida;
y fue el dolor vestido de simiente,
cuando el placer juró que se moría.

Su piel frágil cedió y el llanto pudo
cubrirla con sudor de enamorados;
mientras cuerpos nerviosos y desnudos,
inexpertos, volaban extasiados…

Y el mundo se eclipsó… fueron las horas
juramentos de bellos despertares
y sabores de hechizos que devoran
mil promesas repletas de ansiedades…

Pedazo de una tarde que el silencio
dejó entrever al ver que se marchaban
las voces susurrándose a lo lejos,
perdidas en el mar de una mirada…

FELICIDAD

Desengaño, ilusión… ¡Paz en la tierra!
Alma que deja el cielo arrepentida.
Hambre de pan, calor… Hambre de vida.
¡Luna de miel!… Frontera que se cierra.
Juramento de amor… Parte de guerra.
Fe que lleva al redil la oveja herida…
Un viaje de placer… ¡Misión cumplida!
Luz de esperanza que a morir se encierra.
Contrita la oración llega sumisa
desnuda ante el altar…, llora indecisa…
¡Metralla en el costado de la suerte!
¡Rodillas que se doblan al Eterno!…
Y ese clamor de luz ante el infierno
que juega a ser feliz junto a la muerte.

DE ENSUEÑOS Y POEMAS

Que las ansias
dormidas
revienten en tu almohada.
Y te lances
desnudo
a volar sobre el mar.
Que te sangren
las manos
al ganar la batalla.
Y ensueños
y poemas
te hieran… al amar…

INTERLUDIO

NACER

Se nace… Y al nacer
tan indefensos,
el llanto cuaja
en el frescor del alma,
y grita el pecho
en fuego desmedido,
la voluntad doliente
que se ama.

¡Se ve la luz
o se rechaza el día!
Con ojos puros
de colores lacios
se mueve todo un ser
que, ya nacido,
por vez primera
añora su palacio.

Se nace
de bellezas desolado,
conquistando a los
fuertes sus secretos…
Cadenas destrozadas
a la sombra,
y un nombre
titubeándole en el pecho.

Se nace…
Y al nacer
en el milagro,
virgen se abre
el velo de la historia…
Es otro corazón
que al aire viene,
preñado
de derrotas y victorias.

VIVIR

Se vive… Y al vivir
en los umbrales
de ese camino
frágil y sombrío,
se empieza ya a sentir
la húmeda frente
exhausta de calor,
muerta de frío.

Y hay juventud
incontrolable, ¡fuerte!,
apasionada entre
quimeras necias
y noches sin dormir,
cuerpo tras cuerpo…

Fibras de hierro son
alma y conciencia.

Cual ternura
repleta de nostalgias,
a ratos brilla
un poco la esperanza.
No se entrega
una fiera fácilmente
cuando el sueño
le roba lo que alcanza.

Se vive…
Y al vivir
de glorias lleno,
se ciega el corazón
a la nobleza,
y se caen
de los árboles las hojas…
¡Es la experiencia
la mayor riqueza!

MORIR

Se muere… Y al morir
el beso oculto,
en el último
instante… desprendido,
exhala en tenue
grito de victoria
todo el amor
que se quedó dormido.

Se muere,
piedra a piedra… Recordando
cada segundo
mágico de vida.
Y ensaya la memoria
lo secreto…
Y se apaga una luz
que estaba herida.

Al final… se despierta
esa agonía,
cual todo ser que defendió
su canto…
La serpiente
revienta su venganza,
y el humano
revienta con su llanto.

Se muere…
Y al morir,
cada poema
deja en el aire
el eco de su suerte…
Ondulante y sereno
se repite…
al besarse
la vida con la muerte.

ESSENCE

To Kelsey

… Y es que no quiero sonar melodramático y, además, it's not fair that I take that title from your mother, que siempre se lleva el primer lugar en esto del melodrama… sin embargo, hay veces que es reconfortante, necesario y saludable volver un poco atrás; aunque no me atrevería a afirmar, como el poeta Jorge Manrique, que «cualquiera tiempo pasado fue mejor», sí reconozco, claro está, la importancia clásica y metafórica que encierran sus palabras.

Y es esto más o menos what I would like to do, what I would like to try. No creas que es fácil, sabes, convergen entre sí años y vivencias que, por mucho papel y mucha tinta que gastemos, nunca serán suficientemente fieles to the fullness of the time we enjoyed together…

Y érase una vez… ¡una princesa!
Niña feliz que al mundo despertaba
correteando traviesa y desafiante.
… Y el viento entre su pelo se enredaba.

So much to give in each and every heartbeat,
so much to do en esas horas largas,
que es mentira, al final son un manojo
de horas que el tiempo olvidó guardar.

It's just a thought, you know, piezas regadas por aquí y por allá de un rompecabezas inmenso, y pacientemente las voy encontrando y poniendo en el lugar que les corresponde; o al menos eso creo… Yes, I understand that this world is moving faster and faster every day… with all those cell phones and with so much futuristic technology. ¡Bienvenidos al siglo XXI! One way ticket to Mars —any volunteers?—. The Millennial Generation!… So what?

Con la aurora prendida en sus ojazos,
colores descubría, paso a paso,
en un sendero inmenso de aventuras…
¡Con mil preguntas se llenaba el mundo!,
y otras mil deshojaban los segundos
de los sueños soñados…, al soñar…

And of course… there were ups and downs, and more ups and more downs, and there will continue to be, because for better or for worse there is no other way around it. Besides, those moments come along with this amazing package that we call family… Porque ser feliz requiere sacrificio, cuando se ve feliz a quien se quiere…Y así ha sido y será y habrá de ser… hasta que ya no seamos…

Creciendo entre el *ballet* y Puerto Rico,
Busch Gardens, *summer camps* y Magic Kingdom,
hasta que Europa reveló su duende…
Y fueron más brillantes los colores
a cada historia inmersa en sus canciones,
que a la niña, hacía suspirar…

Después…
el tiempo
en una gota
eterna
quedó colgado
del amor
vivido…

Y es que el amor
transforma
las ausencias
en un manto de luz
contra el olvido…

… We're very proud, you know, of everything you have achieved… (y nota que dije «we»… ok)… and yes, we will always back you up en tus planes futuros (solo espero que no sean muy descabellados)… but again, it was just a thought; I bet you knew it all along…

Love you; love you very much so… (And your mother too)

Dad

***

Y érase una vez… You made it happen!
Entre historias y viajes y princesas,
your wings… sin darnos cuenta, ya ensayaban
the game of life… ¡con todas sus sorpresas!…

SOMBRERO Y ALAS…

Tejiendo entre mis sueños…,
¡y apurado!, una red de posibles e imposibles,
para llegar a Keila.

I

Debí soñarte un día…
con un cuerpo alado
y sin fronteras.
Con tu faz de nácar, ámbar,
ébano o marfil.
Y te enredaste en mis ojos,
derretiste tu aliento
en mi garganta, y casi…
que no pude respirar.

Y ahora…
ya no sé si soy tuyo
o tú eres mía.
Si vengo o voy a ti,
de ti o hacia ti.
¡Fruto maduro!
¡Fruto prohibido
que escapa
libre a la quietud
de un beso!…

Eres lámpara mágica
que escondes dentro de ti
muchos soles
y muchas tormentas;
pero yo olvido
las tormentas…
Aunque a veces,
me gustan las tardes llenas
de viento y lluvia
y relámpagos…

II

No viniste ayer
y tuve miedo.
Encerrado en mi cárcel
de hojas blancas y ventana azul,
eché de menos
tus flores y tus espinas,
que, con tantas ansias,
taladran mi piel
adueñándose de mi carne.

¡Quería verte!
Verte distinta,
revuelta en el chispazo
de tus ojos.
¡Verte distinta!
Distraída en el zigzag
de una mariposa
que imitas con tus brazos,
que imitas con tus alas…
Con tus alas.

No viniste…
Y me quedé temblando
en la agonía de no estar
en el lugar exacto,
en el tiempo exacto,
en el sueño exacto.

III

Hoy…
no quisiera despertar.
¡Cuánto daría
por encadenar este amanecer
que me aleja
de tus manos!
Atrasar el tiempo
y el espacio; porque
amanecer es perderte…
Niebla fina,
vencida ante
los rayos de un sol
potente y majestuoso,
que me hace doblegar y gemir.

Hoy,
quisiera estallar
y desaparecer.
Encontrar ese
hueco escondido,
que me lleva
al otro lado del abismo,
y huir contigo donde no haya
más mundo; o quizás
otro mundo en el que pueda
inundarme de ti…
¡Como ráfaga humana!
¡Como río humano!
¡Toda mía!

IV

¡Vivo
porque tú vives!
Aunque tú no sabes
que yo vivo
esta vida que es, acaso,
un poco menos
que la muerte.
Y tú… mi muerte
y mi vida eres
sin saberlo.

Culpable de mis actos
que se agitan
en el arduo afán
de mantenerte viva.
De robarte y zarandearte
así…
llena de estrellas,
para que todas caigan
en mi frente.
Para que caigas sobre mí,
¡y no soltarte nunca!
¡Y clavarte a mis manos
para siempre!

V

Tuve el instinto
de exprimirte…
De exprimirte
como naranja dulce.
Y vaciar tu néctar
en mi boca
y embarrar mis labios,
mi cara,
mi pecho…
Y tú… ¡tan inocente!
Tan ajena a mis pensamientos,
sonreías.
Y tu pelo sonreía también
en una arrogancia
casi tentadora.
Como espina
de mata de naranja;
protegiéndote de mí…
Del intruso…

VI

Eres aroma puro
que se derrama
a cada paso,
a cada movimiento
de tu cuerpo.
¡Aroma de universo,
de selva, de isla virgen!
Eres ola y arena.
Espejo ardiendo en llamas,
que tengo miedo
de tocar y de morder.
Espejo ardiendo en llamas…
Para sentir en mí,
y en todo esto
que puedo llamar mío,
un cruel y vivo deseo
de volcarme en ti…
Espejo ardiendo en llamas,
que devore
las horas que nos faltan
y deje, en su lugar,
apenas la fragancia de un segundo,
flotando entre los dos.

VII

¡Hada mía!
¡Playa mía!
¿Qué místicas fuentes te protegen?
¿Es tu cielo, mi cielo?
¿Es tu lluvia, mi lluvia?
Huyes y te escondes
sin saber por qué…
Vuelas a tu nido
de cristal, ¡tan asustada!
Ramo de lluvia en primavera,
ruido de cataratas de agua…
De mucha agua
que rueda al vacío
en armoniosa confusión.

Luego después, la calma…

No temas.
¡No temas nunca más!
Deja así a la corriente que te lleve.
Ya ves…, duerme tranquila.
Hablaremos mañana.

VIII

Sí, ¡eres tú!
¡Tú en el deseo transformado!
¡Tú en paisajes!
¡Arcoíris de palomas hacia mí!…
Tu mirada chocó
y penetró en la mía.
…¡Hace siglos
que te estoy mirando!
Tu mirada chocó
y penetró en la mía
como aerolito errante,
chispeante… vivo.

… Almas que se buscan
y no se encuentran
porque no se conocen.
Pero entonces la mano…
La mano que baja
y recoge tu sombrero…
Manojo de cintas regadas
como piedras preciosas.
Y tú… me dices: «Gracias…».

¡Aliento húmedo!
¡Aliento bañado
en fragancias e inciensos!…
«Es un placer…», te digo.
Sonríes… y te marchas.
Yo, inmóvil, aún te veo
allá lejos… Muy lejos…

IX

Alas rotas…
Batir de alas rotas,
jadeantes,
sedientas…
Alas sedientas del ave
solitaria y sin refugio…
¡Que ni en sueños!
¡Ni uno solo de mis sueños!
El más corto, el más largo;
apareces tú, ya…

El eco de tu cuerpo
se ha dormido…

¡Cuánto…! ¡Cuánto hace
que mis ojos cansados,
delirantes,
van recorriendo distancias!
… Y no te encuentro.

Silencio… solo silencio
desde la última vez;
el parque aquel,
la tarde y el sombrero.
¿Tal vez fue tu regalo?
… Entre cintas
jugaba tu… «hasta luego».

Pero tu sombra
desgarró mis pasos…
Y fue luz,
y fue noche en un segundo.
Último, sí…
Segundo delirante.
… Y te perdí, no más como paloma.

Mas… recuerda
tus alas; las que rotas
guardo celoso
en el latir de un beso.
Están aquí,
y aquí estarán por siempre.
…¡Eternamente
aguardo tu regreso!

CANCIONES AL AIRE

ES ESTA MI CANCIÓN

Es esta mi canción.
Sin nada que ocultar.
Tan limpia y tan distante,
tan húmeda y fragante…
Lista para saltar.
Es esta mi canción:
cadenas de verdad,
patente de alegría,
de luz y rebeldía.
¡Lista para saltar!

Lista para saltar
en tiempos malos
y en tiempos buenos.
Lista para llevar
la voz que canta
de un pregonero.
Lista para entender
a los que sufren
y a los que quiero…
Es esta mi canción:
lluvia serena,
paloma en vuelo.

Es esta mi canción…
palabras de cristal,
la fuente de un camino,
un cuerpo que han herido
listo para saltar…

Listo para saltar
entre las sombras
y entre los gritos.
Listo para ayudar,
a aquel que andaba
solo y perdido.
Listo para pedir,
¡luchar!… y darte
lo que mereces.
¡Es esta mi canción!…

Es todo lo que ofrece.

ALGO DE TI...

Algo de ti se me quedó revoloteando en mi interior,
como paloma enloquecida por volar…
Algo de ti, sin condición, llevo prendido al corazón,
para reír, para sufrir, para llorar…
para reír, para sufrir, para llorar.

Algo de ti me dio en el alma con las alas
después de haberte hecho mujer… ¡Con tantas ganas!
Algo de ti quebró mi voz…. y te dejé marchar… Adiós…
Que aún queda mucho por andar… Adiós… Adiós.

La noche envuelve a la ciudad, la calle es toda soledad…
Algo de ti me trae el viento, sin querer.
Dejo mis ansias escapar… ¡algo de ti me va a matar!
¿Cuánto poder hay en tus labios?… No lo sé.

Algo de ti me dio en el alma con las alas
después de haberte hecho mujer… ¡Con tantas ganas!
Algo de ti quebró mi voz… y te dejé marchar… Adiós…
Que aún queda mucho por andar… Adiós… Adiós.

... Y CUANDO TOMAS CAFÉ

Me gusta cuando me miras con esa mirada loca…
Tus manos, tu dulce boca, tu simple forma de ser.
Me gusta cuando sonríes y te mueves caprichosa…
Cuando peinas tus cabellos, cuando tomas tu café.

Me gusta cuando en el aire dejas un olor a rosas,
igual que una mariposa difícil de sorprender.
Sedienta de florecer… ¡Encendida primavera!…
Me gusta cuando te peinas y cuando tomas café.

Extraño… sé que lo es; pero arranca mil ensueños,
al ver tu pelo en el viento, que libre vuela otra vez.
Reclinándote después con desafiante belleza,
tranquila a soñar empiezas con tu taza de café.

¡Y es que… me gusta cuando te peinas
y cuando tomas café!…

LO QUE FUI PARA TI

Sin esas tus caricias, sin esas tus palabras.
Sin esas tus locuras, ¡yo no quiero vivir!
El eco de tu risa clavado está en el alba,
y cada día lo escucho muy lejano gemir.

Sin esa la más bella canción enamorada.
Sin esas las estrellas reflejadas en ti…
Se hace tarde en la noche mirando hacia la nada;
que la nada y la noche ya son parte de mí…
Que la nada y la noche ya son parte de mí.

Sin esas tus caricias ¡que tanto disfrutaba!
¿Dónde estás que no tengo el calor para poder seguir?
Y tu voz, tu sonrisa, ya partes de mi alma,
se alejaron llevando lo que fui para ti.

Sin esos los amores guardados ¡tantos años!
Juguetes del destino, juguetes del dolor.
Sin esos los recuerdos que me hacen ¡tanto daño!…
Si tú no estás conmigo, no quiero más amor.

Sin esas tus caricias ¡que tanto disfrutaba!
¿Dónde estás que no tengo el calor para poder seguir?
Y tu voz, tu sonrisa, ya partes de mi alma,
se alejaron llevando lo que fui para ti…
Se alejaron llevando lo que fui para ti.

¿QUÉ NOS PASÓ?

¿Qué pasó?… La flor se marchitó.
Paró la brisa y la sonrisa se apagó.
¿Qué pasó?… La fuente se secó,
y las palabras se alejaban con temor…
¿Qué nos pasó…? ¿Qué nos pasó…?

La noche me dejó llorando a solas,
un recuerdo desteñido por las horas.
Tu voz se hizo más fuerte en mi memoria…
¡No hay nada que escribir… en nuestra historia!

¿Qué pasó…? El sol no despertó,
y se hace tarde para darte más calor…
¿Qué pasó?… El viento se llevó
esas promesas… ¡Cada promesa entre tú y yo!
¿Qué nos pasó…? ¿Qué nos pasó…?

La noche me dejó llorando a solas,
tratándome de ahogar, hora tras hora.
Tu voz rompió el silencio en mi memoria…
¡No hay nada que escribir de nuestra historia!

SIEMPRE TÚ

Tú, locura misteriosa te adorna.
Tú, mi mente con embrujo trastornas.
Tú, tesoro que una noche en mis manos pude sentir…
Tú, gaviota salpicada de encantos.
Tú, sensible como gota de llanto.
Tú, buscando amor en mí, lo mismo que yo busco amor en ti…
Lo mismo que yo busco amor en ti.

¡Siempre tú! ¡Siempre tú!
Toda ternura, toda bella, toda paz…
¡Siempre tú! ¡Siempre tú!
Inigualable en todo aquello que me das.
No existe nada que nos pueda separar…
¡Te quiero tanto así! ¡Te quiero tanto!

Tú, aurora en mil colores regalas.
Tú escondes en mis manos tus alas.
Tú… Mi dulce inspiración, mi dulce brisa fresca, ¡mi vivir!
¡Mi dulce brisa fresca, mi vivir!

¡Siempre tú! ¡Siempre tú!
Eres distinta en el ensueño de tu andar.
¡Siempre tú! ¡Siempre tú!
Volando alto te me entregas al final.
Aquí en mis brazos esa dicha encontrarás,
¡y es que te amo así!…
¡Y es que te amo!

BREVE HISTORIA DE AMOR

No sé por qué hoy quise recordar
idilio aquel… ¡Estrella tan fugaz!
Camino al sol, brillante cielo azul,
y frente a mí, sonriendo estabas tú.

No sé por qué te di mi corazón.
Prendida a ti volaba mi ilusión…
¡Y fui feliz!… Y fui feliz de amar
tu juventud, tu fuego… Tu verdad.

Enamorados, locos al tocar
la tibia piel… ¡A punto de estallar!
Amor así valió la pena dar…
Mas toda historia tiene su final;
ni tú ni yo pudimos vernos más.

Hermoso es volver a recordar,
y tú de mí tal vez te acordarás…
El mismo mar, el mismo cielo azul,
y aquí en mi mente, siempre estarás tú.

CUANDO SE APAGA LA LUZ

Cuando se apaga la luz después de larga jornada,
cuando se apaga la luz y el silencio se derrama,
siempre queremos saber por qué van tan mal las cosas;
pero es tarde, y, otra vez, los deseos se destrozan.

Cuando se apaga la luz y el mundo se desconecta,
cuando se apaga la luz, queremos arreglar cuentas.
Y es una nueva ocasión para martillar en frío…
Palabras sin corazón dejan el cuarto vacío.

Cuando se apaga la luz, el aire se hace más fuerte,
cuando se apaga la luz, actuamos nerviosamente.
Ocultamos el amor, si es que amor hemos tenido…
Y en la oscura habitación, solo se escuchan gemidos.

Cuando se apaga la luz, no entendemos los problemas,
cuando se apaga la luz, el sueño se nos enreda.
Tratamos de compartir situaciones de la vida…
Mas decidimos dormir… Mañana será otro día.

SOLO EL JARDINERO SABE...

Que no se olviden mis besos, ¡que no se olviden!
Que no se olviden las ansias de amarte más.
Ni esos caprichos robados... Pecados libres,
a los que tanto jugamos y disfrutamos de más...
Por el camino murmuran... La gente dice...
¡Y yo quisiera estar lejos por no escuchar!
Pero te digo una cosa... ¡no se te olvide!:
«Solo el jardinero sabe cómo a la rosa cuidar».

Que no se olviden mis manos, ¡que no se olviden!
Cuando estrujando tu pelo te hacían soñar...
Ni todo el tiempo prestado que fuiste mía...
Que la inocencia pasada no vuelve más.
Qué triste, cuando te mires desnuda al viento
con esa pobre belleza, gastada ya.
Y me escuches en silencio decirte luego:
«Solo el jardinero sabe cómo a la rosa cuidar».

Y es que el amor que nos dimos una vez
se destroza en nuestras manos
y lo vamos a perder...
¡Mejor final!... Esperándote estaré...
¡Que si mía fuiste antes,
también lo serás después!

CÓMO APRENDER A QUERERTE

Cómo aprender a quererte
si me niegas tu camino,
la risa que te enloquece,
tu sudor a flor de piel…
Cómo aprender a decirte
lo que en sueños he aprendido…
Cómo aprender a quererte
si solo sabes correr.

Cómo aprender a mirarte,
para que en tu vuelo esquivo,
te des vuelta despacito
y me mires tú también.
Que tus ojos se resbalen
y me busquen un poquito…
Que te queme la impaciencia
de sentirte hecha mujer.

¿Cómo aprender a quererte?
¿Cómo aprender a adorarte?
Si a segundos te me escapas,
y tu juego es mi penar.
Que el secreto de tenerte
lo guardaré hasta que muera…
Preso en tus brazos, quimera,
¡por mi bien o por mi mal!

TERMINEMOS EL POEMA

Poema que quedó
tirado en un rincón:
es nuestra historia…
Otoño silencioso
entre tú y yo.
Promesa que quedó
tallada en el rincón
de nuestras vidas…
De nuestras vidas,
que se alejan sin razón.

Miradas al azar,
con ganas de abrazar
al ser que añoras…
Palabras de un poema
sin final.
Dos sueños… La verdad
oculta en el umbral de nuestras vidas…
De nuestras vidas…
De nuestras vidas
impacientes al amar…

Dibujemos las estrellas que inventamos cada noche.
Terminemos el poema con el fuego del amor.
Derritamos nuestras almas, carne y carne, boca y boca…
Un poema, una mañana… Un camino, una ilusión.

AVARICIA DE TI

Por ti… Paraíso de placer.
Así, se desvive mi querer…
Que doy lo que tengo
y lo que robo
convertido en un palomo
para perseguirte a ti…
¡Que doy lo que tengo
y lo que robo!
convertido en un palomo
para perseguirte a ti.

Sentir el embrujo de tu piel,
en mí, llenas otro atardecer.
Me das el momento inesperado,
la sonrisa que he anhelado,
la razón de estar aquí.
Me das… el momento inesperado.
¡La sonrisa que he anhelado!
¡La razón de estar aquí!

¡Avaricia de ti!
¡Y no me importa si también caí!
Se inquieta el aire
al escuchar tu nombre…
¡Avaricia de ti!

¡Avaricia de ti!
Y enamorado
de principio a fin…
Mis manos buscan
donde tú te escondes.
¡Avaricia de ti!

Por ti… ¡Paraíso de placer!
Seguir tu perfume de mujer…
Me das el momento inesperado,
la sonrisa que he anhelado,
la razón de estar aquí.
Me das… el momento inesperado.
¡La sonrisa que he anhelado!
¡La razón de estar aquí!

JAMÁS EL SUEÑO TUVO AMOR

Cuántas veces por tu cuerpo apasionado,
tibiamente me dejé arrastrar.
Cuántas veces repetías con delirio
¡que eras mía! ¡Que eras mía nada más!
¿Qué ha pasado? ¿Qué ha pasado?
¡Qué ha pasado!
Las palabras se rompieron al final…
Poco a poco aquel delirio fue olvidado,
y lo tibio de tu cuerpo rechazado,
y lo dulce terminó por repugnar…

Cuántas veces en silencio aprisionado,
lentamente dimos marcha atrás…
Y sin besos, y sin lágrimas ni abrazos,
pretendimos ser amantes de verdad.
¿Qué ha pasado? ¿Qué ha pasado?
¡Qué ha pasado!
Las palabras se rompieron al final…
Poco a poco aquel delirio fue olvidado,
y lo tibio de tu cuerpo rechazado,
y lo dulce terminó por repugnar…

Jamás el sueño tuvo amor.
Jamás… vimos desnudo un corazón.
Jamás el fuego nos quemó.
¡Jamás en el jardín prendió la flor!

CONFESIÓN

Perdido por el beso que llevas amarrado,
perdido por tus ojos chispeantes de emoción…
Es que me atrevo a veces a acercarme a tu lado,
a ver si el beso logra,
a ver si el beso logra vencer al corazón.

Cuando de noche a solas, me siento enamorado,
respiro tu perfume que te robé al pasar,
y espero al otro día para poder mirarte
y acaso en un saludo,
y acaso en un saludo decirte «¡Cómo estás…!».

Perdido en las caricias que dejas rezagadas,
y en la sonrisa leve cuando al llegar me ves…
Confieso mis amores… ¡que se me parte el alma!
¡A ver si tú te atreves!…
¡A ver si tú te atreves a confesar también!

QUIERO GRITAR TU NOMBRE

Perdona, amor, si acaso no pueda resistir
mirarte fijamente… tal vez, por no mentir.
… Dos copas en la mesa, la triste decisión…
Yo sé, no es nada fácil
cuando se dice adiós.

No sé qué he de decirte… ¡Hay tanto en que pensar!
El corazón, a veces, no sabe a dónde va.
Tu amor fue ¡tan hermoso! ¡Tan lleno de bondad!
Se falla en lo pequeño…
no puedo decir más.

¡Quiero gritar tu nombre!
Te juro que es verdad.
Al viento, al mar, al cielo
tu nombre hacer llegar.
Si solamente ahora
pudiera ser ayer…
Y plenamente darnos
lo que hoy no puede ser.

Perdona, amor, es tarde… el tiempo se voló.
Cada momento es parte de lo que no pasó.
Estamos frente a frente, mejor es no llorar…
Salir de aquí en silencio… Mañana Dios dirá.

NUESTRO DELIRIO

Porque tus ojos se quedaron en mi vida,
porque a tu vida le faltó mi corazón.
Porque tus sueños se quedaron en mis manos…
No me conformo así,
no me conformo así, dame todo tu calor.

Porque tus labios se quedaron en mi almohada,
porque mi almohada se quedó sin tu sabor.
Porque mis sueños derrochaste entre tus manos…
No me conformo así,
no me conformo así, dame toda tu pasión.

Que sin quererlo inventamos un idilio,
sucumbimos al cariño que con ganas se brindó.
Porque olvidamos apagar la llama ardiente,
que nació ¡tan inocente!… y ahora grita por los dos.

Porque tus ojos se perdieron en mis brazos,
porque mis brazos dieron fin a tu dolor.
Porque arrancamos a la fe los sinsabores…
¡Porque es mejor así!
¡Porque es mejor así, que escuchemos al amor!

SÉ QUE TE VAS

¡Sé que te vas!
Y no te puedo detener.
¡Que partirás!
Otros caminos por correr… Y volarás.
¡Y volarás!
¡Sé que te irás!
En ese día que no sé…
¡Que me hace ahogar!
Y lo quisiera deshacer,
porque al final,
porque al final…

¡Te extrañaré!
Te extrañaré cuando el dolor
llene mi soledad al no escuchar tus pasos.
¡Te buscaré en la plaza, en el café!
En que acaso, sin querer…
besé tus manos…, besé tus manos.

¡Sé que te vas!
Y entre la espada y la pared
mi vida está…
Mil sueños mueren a una vez.
¡Por ti no más! ¡Por ti no más!
¡Te extrañaré!
Te extrañaré cuando el dolor
llene mi soledad al no escuchar tus pasos.
¡Te buscaré en la plaza, en el café!
En que acaso, sin querer…
besé tus manos…, besé tus manos.

AMIGOS

Mirada… ¡que parte el alma!
Palabras a media voz…
Ternuras equivocadas somos tú y yo.
Somos tú y yo…

Caricias dentro del pecho.
Palomas que el sol robó.
¡Tan juntos y tan distantes vamos los dos!
¡Vamos los dos!…

Amigos… Y ¡nada más!, amigos…
Que sufren calladamente lo que han perdido.
Amigos… ¡Y solamente amigos!
Que sueñan probar un día
lo que es prohibido…

Sin tiempo para mentiras,
sin fuego para el amor…
Queriendo atrapar un beso que se escapó…
¡Que se escapó!…
Con miedo de hablar silencios,
con dueños para el dolor…
Jardines que van muriendo sin una flor… ¡Sin una flor!

Amigos… Y ¡nada más!, amigos…
Que sufren calladamente lo que han perdido.
Amigos… ¡Y solamente amigos!
Que sueñan probar un día
lo que es prohibido…

MÁS CERCA ESTAR DE TI

Más cerca estar de ti es lo que quiero yo,
sentir de tus miradas el calor…
Tus manos sujetar, oírte suspirar,
llenarte de ternura, de ilusión.
Tus manos sujetar… ¡Oírte suspirar!
¡Llenarte de ternura, de ilusión!

Más cerca estar de ti es lo que quiero yo…
Dos cuerpos que dibujan el amor.
Tu pelo hacer volar, tu pecho palpitar.
¡Qué dicha! ¡Qué placer! ¡Qué bendición!
Tu pelo hacer volar, tu pecho palpitar.
¡Qué dicha! ¡Qué placer! ¡Qué bendición!

Vivir un sueño eterno,
respirar felicidad…
¡Cariño te daré!
¡Cariño me darás!
Sin tiempo ni distancias que nos puedan separar…
¡Amándote estaré! ¡Amándome estarás!

Más cerca estar de ti es lo que quiero yo.
Y darnos plenamente el corazón…
Tu boca ver reír… Tus besos presentir
colmados de locura, de pasión…
¡Tu boca ver reír!
¡Tus besos presentir, colmados de ternura… de pasión!

BUEN VIAJE... ¡CUIDA A KELSEY DEE!

Siento un temor extraño… Contenta vas soñando,
en tu tierra y gente que estarán presentes
para recibirte a ti…
Maletas que nerviosa preparas recelosa…
El avión, el carro…
¡Y ese viaje largo y sin fin!…

Adiós… ¡Buen viaje!
¡Ten cuidado por ahí!
Adiós… Un beso…
¡Cuida a Kelsey Dee!
Llama al llegar…
Y está de más decir:
¡que esta semana será
un siglo para mí!

La casa es sombra tuya,
no hay niña que haga bulla…
Y en este silencio
se hace tan difícil vivir…

Adiós… ¡Buen viaje!
¡Ten cuidado por ahí!
Adiós… Un beso…
¡Cuida a Kelsey Dee!
Llama al llegar…
Y está de más decir:
¡que esta semana será
un siglo para mí!